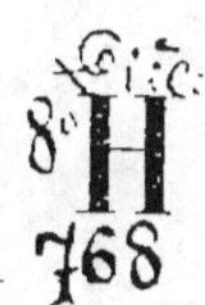

ORDRE
CHEVALERESQUE & RELIGIEUX
DE LA
COURONNE D'ÉPINES

STATUTS

PARIS
CHAMUEL, ÉDITEUR
5, RUE DE SAVOIE, 5

1900

S. E. Mgr J.-R. VILATTE

(MAR TIMOTHEUS Ier)

Archevêque de la Sainte Eglise Catholique

Grand Maître de l'Ordre Chevaleresque et Religieux de la Couronne d'Epines

ORDRE
CHEVALERESQUE & RELIGIEUX
DE LA
COURONNE D'ÉPINES

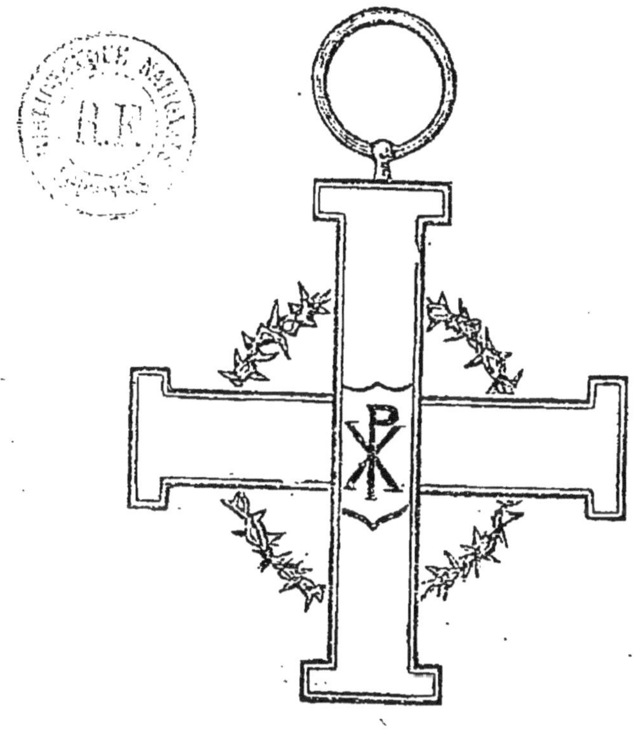

STATUTS

PARIS
CHAMUEL, ÉDITEUR
5, RUE DE SAVOIE, 5

1900

CHAPITRE PREMIER

Historique de l'Ordre

Comme tout le monde le sait, la Sainte Couronne d'Épines a été apportée en France dans les premiers jours d'août 1239. Le roi Saint Louis, accompagné de sa mère la reine Blanche de Castille, de son épouse la reine Marguerite de Provence, de ses trois frères les comtes d'Artois, de Poitiers et d'Anjou, de tous les évêques français et de ses hauts barons, alla au devant de la Sainte Relique jusqu'à Villeneuve-l'Archevêque, à cinq lieues de Sens.

C'était le 10 août 1239. Le roi vénéra le premier la Sainte Relique, et après lui se prosternèrent reines, princes, chevaliers, archevêques, évêques, prêtres, moines, soldats, bourgeois, peuple fondant en larmes et osant à peine lever la tête pour regarder cette branche d'épines cruelles, que les bourreaux avaient tordue pour en faire une couronne dérisoire à leur Divine Victime.

Louis IX l'apporta lui-même, pieds nus, jusqu'à Paris et ce fut le 20 août 1239 que se terminèrent les grandes fêtes de cette célèbre Translation dans la Sainte Chapelle, splendide reliquaire, bâtie tout exprès pour recevoir la Sainte Couronne.

Nous n'avons aucune trace dans les vieux documents qu'à ce moment le Saint Roi ait fondé un Ordre de Chevalerie en l'honneur de la Sainte Couronne d'Épines, mais il est probable qu'il ait voulu conserver la mémoire de ce Grand Evénement près de sa cour, en donnant à ses Barons un souvenir ou une représentation de l'insigne Relique.

Ce que nous croyons et ce que d'ailleurs la tradition nous a conservé, malgré tous les changements et bouleversements politiques, c'est que Philippe-le-Bel, le petit fils de Saint Louis, jeta les premiers fondements de cet ordre, précisément en contradiction de l'Ordre des Templiers, qu'il détruisit, soit sous prétexte de ses abus criants, soit pour confisquer les biens immenses de cet Ordre, dont la puissance l'inquiétait.

Une tradition respectable de notre Ordre, veut que ce soit vers 1308, lors de la tenue des États Généraux, convoqués par le Roi, et Philippe-le-Bel aurait été le premier Grand Maître du nouvel Ordre.

Plus tard, à une époque indéterminée, nous perdons la trace de toute organisation, mais en 1880 les présents Statuts furent présentés et soumis à l'approbation du Patriarche d'Antioche par le savant docteur Fercken, professeur de langues orientales. Sa Béatitude Pierre Ignatius III sanctionna le rétablissement de l'Ordre et voulut que cet Ordre de la Couronne d'Épines fut, pour tous ceux qui en seraient jugés dignes, une milice d'honneur pour la défense de la Divinité de N. S. J. C., en Orient comme en Occident.

Ce seul fait donne à notre Ordre de la Couronne d'Épines une dignité, qui lui permet actuellement, sans se préoccuper de la question d'antiquité, de tenir le premier rang et de rivaliser avec n'importe quel Ordre chevaleresque ou religieux des temps passés ou présents.

Le 29 mai 1892, S. E. Mgr J.-R. Vilatte était consacré archevêque métropolitain avec le titre de Primat d'Amérique et remise du pallium, par S. G. Antoine François Xavier Alvarez (Julius Ier), Archevêque de l'Eglise Syriaque de Ceylan, sous la juridiction des Patriarches d'Antioche. Il était assisté de Mgr Gregorios, évêque de Niranam et de Mgr Athanasios, évêque de Kattagam. Il reçut, avec le titre de Mar Timotheus Ier, juridiction apostolique sur l'Église Vieille Catholique d'Amérique qu'il venait de fonder et qui comprend, à l'heure actuelle, deux cent mille fidèles, avec vingt églises et deux cent cinquante mille dollars de fondations religieuses.

Le Patriarche d'Antioche, Pierre Ignatius III, 138e successeur de Saint Pierre, qui avait donné les bulles de consécration, manda près de lui le nouvel Archevêque, et lui conféra la Grande Maîtrise de la Couronne d'Épines, avec les statuts de l'ordre.

De retour en Amérique, Mgr Vilatte les fit traduire en anglais. Nous en donnons aujourd'hui la traduction en français, avec quelques changements et adaptations ; mais l'Ordre, à cause des lois françaises, reste sous la direction d'un chef étranger, actuellement Mgr Vilatte, citoyen Américain.

A Antioche comme en Amérique, l'étendard de l'Ordre est une bannière de soie, mi-partie blanche avec le chiffre de Saint Louis, mi-partie rouge où rayonne la Couronne d'Épines, avec au centre, le monogramme du Christ.

Mgr Vilatte, après avoir consacré pour son diocèse un évêque suffragant et de nombreux prêtres, est venu depuis un an en Europe. Son premier soin a été de présenter son diocèse et sa personne en toute soumission au Souverain Pontife de Rome. Il a souscrit à toute condition qu'on lui a imposée, a fait ce qu'on a appelé une abjuration, ce qui n'était pour lui que la reconnaissance des faits antiques, le Pape étant le Chef de l'Église Occidentale, comme celui d'Antioche l'est de l'Église Orientale, en attendant la réalisation tant souhaitée de la Parole du Christ : *Il n'y aura qu'un seul troupeau et un seul Pasteur.*

Il est donc Catholique dans toute l'acception du mot, sans désignation de Vieux ni Jeune, et en ce moment il est, dans toute la Liberté Apostolique, à la tête d'une grande Œuvre.

En 1899, une branche de l'Ordre fondée en Afrique vers 1883 et existant en France, s'est soumise entièrement, après avoir reconnu la priorité et la légitimité de l'Ordre, en sorte qu'il n'y a plus, à l'heure actuelle, qu'un seul Ordre Chevaleresque et Religieux de la Sainte Couronne d'Épines.

CHAPITRE II

But de l'Ordre

Article premier. — Le but de l'Ordre Chevaleresque et Religieuxde la Couronne d'Épines est :

1° de défendre la Divinité de Jésus Christ, de l'adorer dans la Sainte Passion qu'il a soufferte pour le salut de l'humanité, et d'honorer particulièrement les souffrances qu'il a endurées par la Sainte Couronne d'Épines.

2° de récompenser ceux qui se sont distingués dans la défense des intérêts du Christ, de l'Humanité, de l'Ordre et de ses Œuvres, ou dans la protection du faible et de l'opprimé, sans distinction confessionnelle.

CHAPITRE III

Dignités

Art. 2. — L'Ordre est divisé en sept classes :

1° Le Grand Maître de l'Ordre.

Le Grand Maître est choisi par le Chapitre Général de l'Ordre parmi les Évêques des Églises chrétiennes du Monde.

Si au moment de l'élection, le nouveau Grand Maître est titulaire d'un siège, il est tenu, afin de se donner tout entier à l'Ordre, de s'établir autant que possible, en France, de préférence à Paris, quoique l'Ordre, à cause des lois françaises actuelles, ait le regret de n'être plus français.

Il est nommé à vie.

2° Le Grand Chancelier Général.

3° Les Princes de la Couronne d'Épines sont les Patriarches, Archevêques, Évêques, Rois, Reines, chefs d'État, princes ou princesses, généraux ou personnages ayant exercé ou exerçant un grand commandement.

4° Les Prêtres-Religieux faisant partie de l'Œuvre Apostolique.

5° Les Commandeurs.

6° Les Officiers.

7° Les Chevaliers.

CHAPITRE IV

Droits, Privilèges, Titres, Honneurs, Costumes

ART. 3. — Le Grand Maître gouverne tout l'Ordre ainsi que les Œuvres de l'Ordre.

Il veille au maintien et à l'observation stricte des statuts, au développement et à la prospérité de l'Ordre tout entier.

ART. 4. — Le Grand Chancelier Général est délégué par le Grand Maître pour tout ce qui concerne l'administration, la comptabilité, le bon ordre, les préséances et cérémonies, la tenue des Chapitres, la garde des registres et de tous documents intéressant l'Ordre.

Il peut s'adjoindre, sous sa responsabilité, autant de Vice-Chanceliers qu'il est nécessaire, soit à titre de secrétaire, archiviste, trésorier, bibliothécaire, maître des cérémonies, etc.

ART. 5. — Le Suprême Conseil qui aide le Grand Maître dans le gouvernement de l'Ordre, est composé, avec le Grand Maître comme Président, du Grand Chancelier et de cinq autres membres au choix du Grand Maître, mais pris de préférence un dans chaque classe des dignitaires, pour représenter les intérêts de ces diverses classes.

Les décisions du Suprême Conseil sont prises à la majorité des voix. En cas de partage, le Grand Maître a voix prépondérante.

Toutefois le Grand Maître, invoquant les droits imprescriptibles de l'Ordre et le maintien des Statuts, a toujours le droit de Veto, ou de se soumettre au Chapitre Général.

Art. 6. — Les Princes de l'Ordre tiennent le premier rang, après le Grand Maître et le Suprême Conseil, soit dans les Chapitres mensuels, soit au Chapitre Général.

Art. 7. — Les prêtres, non Religieux de l'Ordre Apostolique, admis au grade de Commandeurs, sont Prélats et Docteurs très chrétiens, avec le droit de porter tous les insignes de la Prélature, c'est-à-dire la soutane violette et l'anneau épiscopal à la main droite.

Art. 8. — Les prêtres, non Religieux de l'Ordre, admis au grade d'Officiers, sont Chanoines de l'Ordre avec le titre de Docteurs chrétiens et l'anneau doctoral à la main gauche.

Art. 9. — Les Chevaliers de l'Ordre ont le droit, comme tous les dignitaires de l'Ordre, d'assister aux Chapitres par convocation du Grand Maître, de délibérer, proposer et voter.

Art. 10. — Les Dames, outre leur grade dans l'Ordre, recevront la dignité de Chanoinesses d'Honneur.

Art. 11. — Le Grand Maître a le titre d'Excellence, les autres grades le titre de leur rang. A toutes les réunions, le Grand Maître, assis sur un trône surmonté d'un baldaquin, portera, outre les insignes épiscopaux, la Cappa Magna en velours rouge, brodée de Couronnes d'Epines et du chiffre de Saint Louis alternés, et par dessus la Croix de Grand Maître.

Art. 12. — Le Grand Chancelier et les Princes de l'Ordre, dignitaires ecclésiastiques, porteront la Cappa Magna bleue, semblable à celle du Grand Maître, avec la Grand'Croix et ruban large de dix centimètres.

Les Princes laïcs porteront la croix en sautoir.

Art. 13. — Les Religieux de l'Ordre Apostolique porteront le surplis, la chape ecclésiastique et la croix avec cordon rouge et blanc.

Art. 14. — Les Commandeurs porteront la Cappa Magna

violette sans broderies, avec la croix attachée au cou par un ruban large de trent-ecinq millimètres.

Art. 15. — Les Officiers porteront une toge rouge avec double bordure d'hermine, et la croix avec rosette pour les laïcs sur le côté gauche, pour les chanoines sur la poitrine par dessus leur mozette canoniale.

Art. 16. — Les Chevaliers porteront la toge noire avec double bordure rouge, et la croix avec ruban sur le côté gauche.

Art. 17. — La décoration de l'Ordre est une croix de Jérusalem en émail blanc entourée d'une Couronne d'Épines en or. Au centre de la Croix est le monogramme du Christ en or

appliqué sur écu en émail bleu.

Le ruban de l'Ordre est rouge moiré avec liseré blanc sur les bords.

CHAPITRE V

Conditions d'admissions

Art. 18. — Sont admises dans l'Ordre les personnes de l'un ou de l'autre sexe et de toutes nationalités, jouissant d'une excellente réputation, ayant rendu des services signalés soit à la cause chrétienne, soit à l'Ordre ou aux Œuvres qu'il patronne.

Art. 19. — Tout postulant devra adresser au Grand Maître

sa demande d'admission en y joignant tous renseignements personnels utiles et sa photographie.

La notice bibliographique doit contenir nom, prénoms, lieu et date de naissance, domicile, profession, distinctions honorifiques, services rendus, etc.

Art. 20. — Il est fait par les soins du Grand Maître ou par ses ordres une enquête sur le bien fondé de la demande, qui est examinée au prochain Suprême Conseil, lequel prononce souverainement sur le rejet ou l'admission.

Dans ce dernier cas, il en est donné avis par le Grand Chancelier à l'intéressé, qui devra dans le délai d'un mois faire une visite au Grand Maître ou lui adresser une lettre de remerciement.

Art. 21. — Les diplômes, croix, rosettes, rubans, insignes, seront payés à la Chancellerie au prix de revient. Les costumes pour l'assistance aux Chapitres pourront être faits par les soins des dignitaires selon modèle déposé.

Les sommes versées par les membres de l'Ordre, tout don ou legs, seront employés pour soutenir les Œuvres de l'Ordre, ou pour venir en aide à ceux qui souffrent.

Art. 22. — Toutes formalités remplies, le postulant est invité, s'il y a possibilité, à se présenter soit au Chapitre mensuel, soit au Chapitre Général, où il sera reçu selon les rites de l'Ordre.

CHAPITRE VI

Obligations et devoirs

Art. 23. — Tout membre de l'Ordre Chevaleresque et Religieux de la Couronne d'Épines promet obéissance au Grand Maître en ce qui concerne les Statuts de l'Ordre; emploie, autant qu'il est en lui et que ses obligations le comportent, son intelligence, son influence et ses facultés au développement et à la prospérité de l'Ordre et de ses Œuvres. Il doit partout montrer l'exemple, en se conformant aux prescriptions et aux conseils de l'Évangile, en pratiquant l'Amour du prochain et la Solidarité Universelle.

Art. 24. — Le Grand Maître veillera à la stricte observance des statuts dont il est le suprême gardien. Lui seul peut proposer modification, suppression, adjonction aux statuts, qui seront approuvés en Chapitre Général.

Art. 25. — Les Religieux de l'Ordre ont des statuts particuliers sous la direction du Grand Maître. De même les autres Œuvres, fondées ou soutenues par l'Ordre, ont des statuts spéciaux, auxquels tous les membres de l'Ordre doivent prêter assistance ou obéissance selon ce qui les concerne.

Art. 26. — Tout membre de l'Ordre devra rester en relation constante avec le Grand Maître ou la Chancellerie, en donnant avis de tout changement de domicile ou pour toute communication concernant les intérêts de l'Ordre ou ses propres intérêts ou besoins, car l'Ordre tout entier se doit en toute occasion aide et mutuelle assistance.

Au delà d'un an, à moins d'un cas de force majeure à démontrer, tout membre de l'Ordre ne donnant pas signe de vie au Grand Maître, est considéré comme décédé ou démissionnaire.

Toute infamie publique constatée, inconduite notoire, ou manquement grave à l'Ordre entraîne la radiation, qui après enquête ou défense est prononcée sans appel par le Grand Maître ou à son choix par le Chapitre Général.

Art. 27. — L'Ordre n'ayant qu'un but de religion et de charité s'interdit toute discussion politique. Chaque membre honore et soutient le gouvernement du pays où il se trouve ou auquel il appartient.

CHAPITRE VII

Chapitre Général

Art. 28. — Chaque premier dimanche du mois il y aura réunion, qui ne sera pas obligatoire pour les membres de l'Ordre, mais à laquelle ils sont invités pour maintenir l'union fraternelle et traiter des affaires courantes de l'Ordre.

Art. 29. — Le Chapitre Général se réunit chaque année, pendant la Semaine Sainte, au siège de l'Ordre et résidence du Grand Maître. Il dure au prorata des affaires à traiter. Le Grand Maître l'ouvre et le clôture solennellement.

Art. 30. — Les invitations sont adressées par la Chancellerie à chaque membre sans exception par l'intermédiaire du ournal de l'Ordre, qui sera envoyé à chaque membre et rendra compte de toutes les œuvres et événements intéressant l'Ordre.

Art. 31. — Tout membre de l'Ordre doit y assister, à moins d'empêchement notifié par lettre. Les membres présents doivent porter leurs insignes et leur costume, selon le grade, à moins de dispense. Pour le port à l'extérieur de la décoration ou du ruban, les dignitaires se conformeront aux lois du pays où ils se trouvent.

Art. 32. — Au Chapitre Général, le Grand Maître rend compte de tous les événements de l'Ordre survenus dans l'année. Le Grand Chancelier donne l'emploi des recettes et dépenses, de l'état du personnel, etc.

Art. 33. — Toute proposition quelconque adressée au Grand Maître, examinée en Suprême Conseil et présentée au Chapitre Général, sera discutée, votée et exécutoire si elle obtient les deux tiers des voix.

Les changements, additions aux Statuts, et tout ce qui concerne l'honneur et l'existence même de l'Ordre, doivent être approuvés et votés par le Chapitre Général.

PETITE IMPRIMERIE VENDÉENNE. — LA ROCHE-SUR-YON. — 706.

www.ingramcontent.com/pod-product-compliance
Lightning Source LLC
LaVergne TN
LVHW010318230826
846091LV00009B/3722
9782013610919